ANALISI DEL LIBRO

AF126372

La Signora delle Camelie

ALEXANDRE DUMAS FILS

ANALISI DEL LIBRO

Scritto da Noé Grenier
Tradotto da Sara Rossi

La Signora delle Camelie

ALEXANDRE DUMAS FILS

ALEXANDRE DUMAS FIGLIO

SCRITTORE FRANCESE

- **Nato nel 1824 a Parigi**
- **Morto nel 1895 a Marly-le-Roi**
- **Alcune delle sue opere:**
  - *Il processo Clemenceau, memorie dell'accusato* (1866), romanzo
  - *Le Fils naturel* (1858), opera teatrale
  - *Un père prodigue* (1859), opera teatrale

Alexandre Dumas figlio porta lo stesso nome del padre, il famoso autore de I *tre moschettieri.* Con *La Signora delle Camelie,* pubblicata nel 1848, si distingue come scrittore di talento ed esce dall'ombra del padre. Durante la sua vita viene conosciuto soprattutto per le sue opere teatrali, sebbene abbia scritto anche numerosi romanzi. Il suo lavoro è caratterizzato da uno stile ben fatto e da frasi argute e cesellate, particolarmente adatte al teatro. È molto vicino al realismo in letteratura. La sua opera si distingue per il carattere moralistico e la critica del suo tempo.

LA SIGNORA DELLE CAMELIE

L'AMORE IMPOSSIBILE DI UNA CORTIGIANA PARIGINA NEL XIX SECOLO

- **Genere:** romanzo
- **Edizione di riferimento**: *La Dame aux camélias,* Paris, Le Livre de Poche, 1975, 285 p.
- **1ª edizione:** 1848
- **Temi:** amore, realismo, vita parigina, XIX secolo, cortigiane, gelosia

La Signora delle Camelie fu scritto da Alexandre Dumas figlio dopo la morte della sua ex amante e primo amore, Marie Duplessis, una cortigiana importante nella Parigi della metà del 1900. Questo romanzo, considerato uno dei precursori del realismo, è stato adattato per il palcoscenico dallo stesso autore. È diventato un classico della letteratura ed è stato adattato in molte forme (opera, film, balletto). Il romanzo racconta la storia d'amore tra Armand Duval, un giovane appassionato, e Marguerite Duval, una "mantenuta". La loro relazione è compromessa dal passato di Marguerite, che si ripercuote costantemente su di loro, sia per la gelosia di Armand che per la disapprovazione del padre.

SINTESI

ALEXANDRE DUMAS INCONTRA ARMAND DUVAL

La storia inizia a Parigi nel 1847. Nei primi capitoli, Alexandre Dumas figlio è il narratore. Racconta come viene a sapere della morte di una famosa cortigiana, Marguerite Gautier. La donna morì sommersa dai debiti e fu organizzata un'asta dei suoi effetti personali. Il narratore si reca sul posto per assistere all'evento. Sono presenti molte signore del "Tout-Paris", nobili e rispettabili borghesi. Vengono per curiosità, per dare un'occhiata allo scandaloso stile di vita di una donna "mantenuta" e nella speranza di potersi appropriare di uno dei tanti oggetti di lusso che gli amanti di Marguerite Gautier le hanno regalato durante la sua vita. Alexandre Dumas acquista a caro prezzo un libro, *Manon Lescaut,* in cui c'è una nota di un certo Armand Duval.

Più tardi, Alexandre Dumas figlio incontra Armand Duval, che si reca a casa di Dumas per acquistare il libro che lui stesso aveva regalato alla defunta Marguerite Gautier. I due giovani diventano amici e Dumas viene a sapere che Armand Duval era stato uno dei tanti amanti di Marguerite Gautier. Quest'ultimo sembra particolarmente colpito dalla morte della sua ex amante. Spiega ad Alexandre Dumas figlio che intende acquistare per lei un lotto perpetuo nel cimitero di Montmartre. In effetti, questo era l'unico modo per vedere il suo cadavere. Era assente al momento della sua morte e ha bisogno di vedere il suo corpo senza vita per elaborare il lutto. Armand Duval riesce finalmente a vedere il cadavere già in decomposizione della sua ex amante. Lo shock lo fa ammalare gravemente e Alexandre Dumas figlio veglia al suo capezzale. È allora che Armand Duval inizia a parlargli del suo amore per la cortigiana Marguerite Gautier, conosciuta a Parigi come la Signora delle Camelie.

ARMAND DUVAL INCONTRA MARGUERITE GAUTIER

Da quel momento, Armand Duval diventa il narratore della storia. La prima volta che incontra Marguerite Gautier è durante una passeggiata in Place de la Bourse. La vede entrare in un negozio e rimane subito colpito dalla sua grazia e dalla sua grande bellezza. Non osa avvicinarsi a lei. Qualche giorno dopo, mentre si reca all'Opéra-Comique con un amico, Armand Duval vede Marguerite in un palco di fronte al suo. Chiede al suo amico, che conosce la Signora delle Camelie, di presentargliela. Questo primo incontro non va secondo i gusti di Armand, poiché Marguerite lo prende gentilmente in giro e lui si rende ridicolo, offeso da questa presa in giro. Tuttavia, Armand la segue discretamente dopo lo spettacolo, fino alla porta di casa. Da quel momento, il giovane sviluppa un'ossessione per Marguerite, che vede spesso.

Un giorno, Armand viene a sapere che la donna è malata di tubercolosi e chiede regolarmente notizie a chi può dargliele. Poiché la Signora delle Camelie è sempre nei suoi pensieri, Armand decide di incontrarla di nuovo. Una sera, al teatro Variétés, la vede in compagnia di una signora sulla quarantina, un'ex cortigiana di nome Prudence Duvernoy. La avvicina e scopre che è la vicina di casa di Marguerite Gautier. Armand le chiede di presentargli Marguerite. Prudence accetta e si concorda che lui e il suo amico Gaston, che lo accompagna quella sera, vadano insieme a casa di Prudence. Quella sera, Marguerite Gautier riceve la visita di uno dei suoi pretendenti, il conte di G., che la infastidisce terribilmente. Chiede a Prudence di raggiungerla a casa sua e accetta di farla venire con i suoi due ospiti. Armand si ritrova così a casa di Marguerite Gautier. Dopo essersi distinto per la sua arguzia, le dice di essere il misterioso giovane che l'ha visitata regolarmente durante la sua malattia. Nel corso della serata, finalmente la seduce e le confessa i suoi sentimenti. La cortigiana accetta di diventare la sua amante e gli dà appuntamento per il giorno successivo.

ARMAND E MARGUERITE DIVENTANO AMANTI

Armand e Marguerite trascorrono insieme le prime due notti d'amore, ma il giovane fatica ad accettare il fatto che la sua amante sia ufficialmente legata a un duca che la mantiene e che il conte di G., suo ex amante, continui a corteggiarla assiduamente. Prudence, amica e confidente di Marguerite, cerca di far ragionare Armand: la giovane è una cortigiana, che si offre a ricchi pretendenti in cambio di regali, vantaggi materiali e denaro. Per Prudence, Armand non deve aspettarsi altro che una relazione passeggera, anche se Armand e Marguerite sono innamorati. Ma Armand è consumato dalla gelosia e la terza sera, quando si accorge che Marguerite passa la notte con il conte di G., decide di scrivere una lettera di rottura ironica e diffamatoria a Marguerite, sperando in una risposta o in una reazione da parte di lei. Infine, quando Marguerite non risponde, Armand, spinto dall'orgoglio e dalla gelosia, decide di lasciare Parigi e di tornare dal padre. Ma, per quanto geloso, non è meno follemente innamorato e, tramite Prudence, scrive una lettera a Marguerite per scusarsi. Si presenta a casa sua poco prima che Armand lasci Parigi. Armand si getta ai piedi di Marguerite per chiederle perdono. Quando Armand spiega la sua gelosia, Marguerite risponde: "Beh, amico mio, avresti dovuto amarmi un po' meno o capirmi un po' di più" (p. 145). Alla fine, Marguerite perdona Armand per la sua gelosia, dopo avergli spiegato gli obblighi di una cortigiana e avergli ricordato il suo amore per lui.

Armand decide di cambiare la sua vita e il suo modo di vedere le cose per accettare lo stile di vita scandaloso della sua amante. È consumato dall'amore e ha grandi difficoltà a reprimere la sua gelosia. Inizia a condurre uno stile di vita frenetico, alternando appuntamenti, feste e gioco d'azzardo. Dorme poco e vive solo per la passione con Marguerite. Durante una giornata trascorsa in campagna, la coppia vede una casa che gli piace. Marguerite decide di chiedere al Duca, che la "protegge", di affittare questa casa, con il pretesto di allontanarsi dalla vita immorale di Parigi.

Il Duca accetta di buon grado di affittare la casa di Bougival, considerandola un'opportunità per allontanare la sua protetta da una vita di dissolutezza. Ma per Marguerite è uno stratagemma per poter vivere più liberamente la sua relazione con Armand. Alla fine il duca viene a conoscenza dello scandalo e abbandona Marguerite. La Signora delle Camelie deve rinunciare al lusso a cui la sua vita di cortigiana l'aveva abituata. Fa questo sacrificio per amore di Armand e vende segretamente i suoi gioielli e le sue ricchezze per pagare i debiti sorti dopo che il duca ha smesso di sostenerla. Nonostante i problemi economici, Armand e Marguerite si amano sinceramente e vivono i giorni più belli del loro amore a Bougival. Alla fine si promettono un amore fedele e decidono di tornare a Parigi per stabilirsi insieme.

INTERVIENE IL PADRE DI ARMAND

A un certo punto il padre di Armand arriva a Parigi. Ha saputo della relazione del figlio con una famosa cortigiana e intende impedirla per preservare l'onore della famiglia. All'inizio cerca di dissuadere Armand, ma senza successo. Un giorno, quando torna dalla casa paterna, Armand la trova vuota. Va alla ricerca di Marguerite e riceve da lei una lettera in cui gli comunica che lo tradisce e che devono separarsi. Affranto dal dolore, lascia Parigi per andare a trovare il padre. Pur essendosi ripreso, continua a pensare a Marguerite e decide di tornare a Parigi. Lì incontra nuovamente Marguerite con un'altra bella donna e decide di vendicarsi. Seduce la moglie di Marguerite, Olympe, e si mostra pubblicamente con lei. La sua relazione con Olympe rattrista molto Marguerite. Infine, va a trovare Armand e gli chiede di interrompere il suo gioco crudele. Il giovane viene poi a sapere che Marguerite si è nuovamente ammalata gravemente. Trascorrono una notte d'amore insieme, dopo la quale Marguerite promette ad Armand che potrà sempre essere la sua amante, ma non la sua compagna. Il giorno dopo, Armand cerca di rivedere Marguerite, ma lei è con il conte di G. Folle di rabbia, le scrive una lettera di insulti e parte per l'Egitto.

L'AGONIA DI MARGUERITE

Il resto della storia non viene raccontato da Armand. Alexandre Dumas figlio racconta che quest'ultimo si addormenta dopo aver affidato al narratore i diari scritti da Marguerite dopo la sua partenza, e che gli sono stati affidati dopo la sua morte. In questi diari, Marguerite si confida con Armand. Gli racconta il motivo della loro rottura: era stata visitata dal padre, che l'aveva convinta a lasciarlo per il bene della sua famiglia. La storia d'amore di Armand con una cortigiana compromette l'onore della sua famiglia e impedisce alla sorella di trovare marito. Alla fine, è per amore di Armand che Marguerite si convince a lasciarlo. Nel resto del diario descrive la sua agonia e i suoi dubbi: sofferente e sola, si chiede dove sia il suo amante e desidera il suo ritorno, che secondo lei faciliterebbe la sua guarigione. Soprattutto, spera che lui la perdoni per il dolore che gli ha causato. Infine, Marguerite muore senza rivedere Armand, ancora in Egitto.

STUDIO DEL CARATTERE

ARMAND DUVAL

Armand Duval, un uomo appassionato ed emotivo, è il protagonista di questa storia, insieme a Marguerite Gautier. Nel romanzo, è l'amico di Alexandre Dumas figlio e l'amante della ragazza. Viene descritto come un giovane di circa vent'anni, alto, pallido e con i capelli biondi. Possiamo immaginare che fosse sufficientemente attraente da attirare l'attenzione di Marguerite Gautier, la Signora delle Camelie. Quando incontra Alexandre Dumas figlio, mentre piange il suo grande amore, Armand è letteralmente malato di dolore: ha la febbre, piange continuamente e sviene più volte. Nato in una famiglia borghese di provincia, è stato mandato a Parigi dal padre per formarsi come avvocato o medico. Vive grazie all'eredità della madre defunta e alla pensione del padre. A Parigi si dedica alla vita sociale, frequentando teatri e opere, dove incontra Marguerite Gautier. A sedurla sono stati il suo folle amore e la sua sincera preoccupazione per la sua salute e la sua felicità. Armand sa bene che si sta innamorando di una cortigiana dal passato sulfureo che continua a frequentare altri amanti. Tuttavia, non riesce a farsene una ragione e non può fare a meno di provare una terribile gelosia. Questa gelosia, che non riesce mai a scrollarsi di dosso, lo fa soffrire molto e costituisce la base della sua relazione con Marguerite, di cui minaccia costantemente la stabilità. Infatti, è la gelosia che lo spinge a lasciare Marguerite la prima volta, ed è la gelosia che lo fa dubitare del desiderio di

Marguerite di rinunciare alla sua vita di cortigiana per lui. Infine, sono la gelosia e l'orgoglio a spingerlo a far soffrire Marguerite, che non riesce a trovare la forza di combattere la malattia e la tristezza e alla fine soccombe.

Armand è anche un figlio affettuoso e leale. Quando il padre vuole opporsi alla sua relazione con Marguerite, Armand viene colto dal dubbio. Infine, si rifugia nella casa paterna quando è vittima dello stratagemma del padre per separarlo da Marguerite.

MARGUERITE GAUTIER

Marguerite è descritta come una donna di eccezionale bellezza. È alta e snella, con lunghi capelli neri. Poiché la bellezza di Marguerite è uno degli elementi chiave del romanzo, forse dovremmo lasciare all'autore il compito di descrivere il suo volto, con il suo caratteristico talento:

> *"In un ovale di indescrivibile grazia, mettete occhi neri sormontati da sopracciglia di un arco così puro da sembrare dipinto; velate questi occhi con grandi ciglia che, abbassate, gettano ombra sulla tinta rosa delle guance; tracciate un naso fine, dritto, spirituale, con narici un po' aperte da un'ardente aspirazione alla vita sensuale; disegnate una bocca regolare, le cui labbra si aprono con grazia su denti bianchi come il latte; colorate la pelle con quella vellutatezza che ricopre le pesche che nessuna mano ha toccato, e avrete l'intera testa di questo affascinante personaggio". (p. 28)*

Marguerite è una cortigiana, una "donna assistita". All'epoca, nei circoli sociali di Parigi, alcune donne vivevano a contatto con l'alta società, dalla quale prendevano amanti. Scambiavano le loro grazie con benefici materiali: doni, ma anche denaro. Non si trattava di prostituzione come la intendiamo oggi: queste donne sceglievano liberamente i loro amanti e non si facevano pagare per le prestazioni sessuali. Piuttosto, si trattava di relazioni amorose di interesse personale. In questo romanzo, Marguerite è la cortigiana più ambita di Parigi. È soprannominata la Signora delle Camelie, perché è sempre adornata con questi fiori. Si distingue dalle altre cortigiane del suo tempo per la sua grandezza d'animo e la sua nobiltà. Nel corso del romanzo, Marguerite si innamora di Armand Duval. Decide di abbandonare la sua vita di cortigiana e di sacrificare la sua fortuna e il suo futuro per Armand. Nel farlo, rivela una lealtà e una forza di volontà che nessuno sospettava in una cortigiana. Purtroppo, la reputazione di cortigiana la perseguita ancora. Le pressioni sociali dell'epoca ostacolano il suo amore per Armand. Quando il padre di Armand spiega che Marguerite può danneggiare Armand solo amandolo, Marguerite si convince. È qui che compie il sacrificio più grande, che le costerà l'amore di Armand e la vita: decide di rinunciare all'amore per Armand e di tornare alla sua vita di cortigiana. Si ammala e muore di tubercolosi in un'amara solitudine.

PRUDENCE DUVERNOY

Prudence è la vicina e amica di Marguerite. È una donna sulla quarantina, un'ex cortigiana che ha perso il suo fascino. All'epoca della narrazione, è una modista, ma non riesce a vendere molti dei suoi articoli. Infatti, vive grazie a Marguerite Gautier. Marguerite le "presta" denaro che non cerca mai di recuperare, le compra cappelli che non indossa mai e le fa regali da parte dei suoi amanti che non le interessano. Prudence è anche la confidente di Marguerite ed è attraverso di lei che Armand Duval riesce a incontrare e sedurre

Marguerite Gautier. Nonostante la generosità di Marguerite nei confronti di Prudence, quest'ultima la abbandona quando Marguerite ha più bisogno di lei. Prudence smette di frequentare Marguerite quando questa è in fin di vita, piena di debiti e indigente. Non c'è una descrizione fisica di Prudence, anche se sappiamo che è "grassa" (p. 77). Prudence, come gli altri personaggi secondari di questo romanzo, è un personaggio poco sviluppato. Con i suoi discorsi bigotti sull'impossibilità di amare una cortigiana e la sua amicizia egoistica, serve soprattutto a mettere in luce la grandezza d'animo, la generosità disinteressata e il carattere amorevole di Marguerite Gautier.

SIGNOR DUVAL

Monsieur Duval è il padre di Armand. Arriva a Parigi non appena viene a conoscenza della storia d'amore del figlio con una famosa cortigiana. Farà di tutto per opporsi a questa relazione e preservare l'onore della sua famiglia. Vuole dare in sposa sua figlia e la famiglia dello sposo si rifiuta di accettare il matrimonio, sapendo che il fratello della sposa ha relazioni scandalose con una mantenuta. Alla fine convince Marguerite a lasciare Armand, senza che quest'ultimo sappia del piano. Non viene fornita alcuna descrizione fisica di lui e il personaggio è poco sviluppato nel romanzo. Monsieur Duval è l'incarnazione della morale borghese dell'epoca. Attraverso di lui, la vocazione all'amore e alla felicità delle cortigiane viene messa in discussione in nome dei valori morali dell'epoca. Alla fine, è lui a decidere che una donna con un passato troppo scandaloso non può sperimentare la felicità del vero amore.

OLYMPE

Olympe è una cortigiana. Una bella donna giovane con gli occhi azzurri, bionda e snella, con un carattere futile ed egoista. Armand la seduce per far soffrire Marguerite, lei lo capisce e raddoppia la sua cattiveria verso Marguerite per compiacere Armand. Al contrario, Olympe, una cortigiana come Marguerite, fa emergere la nobiltà e la bontà di Marguerite.

CHIAVI DI LETTURA

LA VERA STORIA DI MARIE DUPLESSIS

La Signora delle Camelie è un romanzo. Tuttavia, si basa su personaggi reali e su una storia vera. L'autore lo annuncia all'inizio del romanzo:

> *"Non avendo ancora l'età per inventare, mi accontento di raccontare. Invito quindi il lettore a convincersi della realtà di questa storia, in cui tutti i personaggi, ad eccezione dell'eroina, sono ancora vivi" (p. 17).*

Marguerite Gautier è infatti l'avatar di una cortigiana realmente esistita, Marie Duplessis. Alexandre Dumas figlio, l'autore di questo libro, era il suo amante. *La Signora delle Camelie* parla dell'amore di Alexandre Dumas figlio per Marie Duplessis, ma non tutti gli eventi del romanzo corrispondono alla vera storia d'amore. Ad esempio, Alexandre Dumas figlio e Marie Duplessis non hanno mai avuto una storia d'amore idilliaca a Bougival, come Armand e Marguerite nel romanzo. In realtà, la storia d'amore tra Alexandre Dumas figlio e Marie Duplessis fu molto meno gloriosa di quella descritta nel romanzo, se si deve credere ai commentatori. Come nel romanzo, Alexandre Dumas figlio incontra per la prima volta Marie Duplessis in Place de la Bourse, dove rimane colpito dalla sua bellezza. La avvicinò qualche anno dopo, nel 1844, al Théâtre des Variétés. La loro relazione terminò nel 1845 dopo un litigio. Alexandre Dumas figlio le scrisse: "Mia cara Marie, non sono abbastanza ricco per amarti come vorrei, né abbastanza povero per essere amato come vorresti. Dimentichiamo dunque entrambi, tu un nome che deve esserti indifferente, io una felicità che mi sta diventando impossibile". Alexandre Dumas figlio trascrive questa lettera così come si presenta nel romanzo, quando Armand rompe per la prima volta con Marguerite (p. 134)

In seguito a questa lettera, Marie Duplessis divenne l'amante del compositore e pianista ungherese Franz Liszt. Come Marguerite, anche lei morì di tubercolosi a Parigi nel febbraio 1847, mentre Alexandre Dumas figlio era in viaggio a Marsiglia. Dumas scrisse *La Dame aux Camélias* in un mese. Il libro fu pubblicato nel 1848. Anche il padre di Armand non corrisponde al padre di Alexandre Dumas figlio, poiché Alexandre Dumas era noto per la sua vita dissoluta e i suoi costumi dissoluti.

Nel romanzo, Alexandre Dumas figlio si sdoppia: diventa l'interlocutore del suo personaggio, Armand Duval, che tuttavia incarna l'autore nello stesso modo in cui Marguerite Gautier incarna Marie Duplessis. A questo proposito, va notato che il personaggio Armand Duval e il suo autore condividono le stesse iniziali: A.D., a riprova del fatto che Alexandre Dumas figlio era ben consapevole del processo letterario che stava impiegando.

REALISMO E CRITICA SOCIALE

Un romanzo realistico

La Signora delle Camelie è spesso considerato un precursore del romanzo realista. In effetti, l'emergere del realismo in letteratura viene solitamente datato a partire dal 1850, dopo il colpo di stato di Napoleone III. Questa corrente letteraria si è posta l'obiettivo di descrivere la realtà sociale del tempo e degli individui: deve essere una riproduzione il più possibile fedele della realtà. I temi romanzeschi ed eroici sono abbandonati a favore della descrizione sociale: il realismo evoca il lavoro, la crescente importanza del denaro nella società del XIX secolo e le relazioni amorose. Il romanzo realista, poiché descrive la realtà, ha anche un obiettivo filosofico. In effetti, vedremo più avanti che l'opera di Alexandre Dumas figlio ha una funzione moralizzatrice. Tra gli autori più importanti che appartengono a questo movimento, possiamo annoverare Honoré de Balzac (1799-1850), Gustave Flaubert (1821-1880) e George Sand (1804-1876), amico intimo di Alexandre Dumas figlio. Questa tendenza ha dato origine al naturalismo, il cui leader, Émile Zola (1840-1902), ha descritto le condizioni della classe operaia del suo tempo. Infine, va notato che queste correnti letterarie hanno avuto una grande influenza sulla storia delle idee, poiché hanno aperto la strada alla nascita della sociologia francese, fondata da Émile Durkheim (sociologo francese, 1858-1917) alla fine del XIX secolo. La Signora delle Camelie risponde ad alcuni criteri del movimento realista, poiché l'autore descrive con precisione l'ambiente sociale di Parigi e le condizioni di vita delle cortigiane.

 ## CONTESTO STORICO

La Signora delle Camelie fu pubblicato in un momento turbolento della storia francese: fino al 1848, la Francia viveva sotto la monarchia del re Luigi Filippo. Il 23 febbraio 1848 (anno di pubblicazione del romanzo, un anno dopo la morte di Marie Duplessis) una rivoluzione instaurò la Seconda Repubblica. Ma questo non durò a lungo, poiché il

2 dicembre 1851 Napoleone III prese il potere con un colpo di stato e instaurò il Secondo Impero.

Una critica sociale

Ne *La Signora delle Camelie,* Alexandre Dumas figlio non si limita a descrivere la vita delle cortigiane e l'ambiente borghese del suo tempo. C'è una vera e propria critica sociale che attraversa tutto il libro. Innanzitutto, l'autore denuncia l'ipocrisia borghese delle donne mantenute. Lo fa all'inizio del libro deridendo la curiosità delle donne rispettabili, che approfittano della morte di Marguerite Gautier e della messa all'asta dei suoi beni per visitare la sua casa e saperne di più su queste cortigiane con cui si scontrano quotidianamente nei teatri e nelle opere: "Quella in cui stavo era morta; le donne più virtuose potevano quindi entrare nella sua stanza" (p. 21). Più tardi, l'autore continua la sua critica attraverso la scena del cimitero: parla con il giardiniere che gli spiega che alcune famiglie borghesi, venendo a sapere che Marguerite Gautier era sepolta accanto ai loro antenati, si erano lamentate e avevano chiesto che la salma fosse spostata. Il giardiniere non manca di far notare al narratore che queste famiglie non visitano mai le tombe dei loro parenti e non ne curano la manutenzione. Attraverso questo aneddoto, viene denunciata l'ipocrisia dei valori borghesi. Tutta la storia di Marguerite Gautier nel romanzo serve anche a riabilitare l'immagine della cortigiana. Marguerite Gautier mostra una forza morale e una generosità d'animo che mancano a tutti i personaggi che la circondano: alle altre cortigiane, certo, ma anche e soprattutto ai conti, ai duchi, ai nobili e ai ricchi che sono i suoi amanti, a M. Duval, il padre di Armand, e ai suoi amici. Ne *La Signora delle Camelie,* la cortigiana ha più virtù dei nobili che comprano il godimento della sua bellezza, prima di invecchiare ed essere abbandonata al suo destino come Prudence Duvernoy. Marguerite Gautier, per quanto cortigiana, è capace di un amore profondo e totale. Ma soprattutto, aspira alla felicità: la sua, innanzitutto, ma anche quella di Armand e persino quella di M. Duval e di sua figlia, che non conosce. Eppure questa felicità le viene negata in nome dei valori morali borghesi di rispettabilità. Lo stesso Armand ha difficoltà a capirla e ad amarla, a causa del suo passato sulfureo.

LA RICEZIONE E L'IMPATTO DELL'OPERA

La Signora delle Camelie ebbe un grande successo alla sua prima pubblicazione. Alexandre Dumas figlio lo fece subito adattare per il teatro, ma inizialmente fu censurato come immorale. Infine, grazie a un cambio di ministro, fu rappresentato per la prima volta nel 1852 al teatro Vaudeville. È stato un successo fenomenale, al punto da eclissare il libro. La sera della prima era presente il compositore italiano Giuseppe Verdi (1813-1901). *La Signora delle Camelie fu* per lui una grande fonte di ispirazione, nonostante anche lui fosse coinvolto in relazioni amorose considerate scandalose e che il padre cercò di contrastare. È sulla base de *La Signora delle Camelie* che Verdi compose la sua famosa opera *La Traviata* nel 1853. Il romanzo è stato successivamente adattato più volte in diverse forme artistiche. Almeno quindici film si sono ispirati più o meno direttamente all'opera dal 1907, con il primo adattamento cinematografico di Viggo Larsen, fino ai giorni nostri (*Moulin Rouge* di Baz Luhrman, uscito nel 2001, è ispirato al romanzo). L'opera è stata anche adattata più volte e sono stati creati diversi balletti basati sul romanzo. Il personaggio di Marguerite Gautier ha avuto un impatto mondiale e ha persino ispirato alcuni tanghi argentini come *Margarita Gautier* o *Margo*.

Nonostante il grande impatto del libro e la sua accoglienza entusiastica al momento della pubblicazione, l'autore de *La Signora delle Camelie* fu spesso criticato dai suoi contemporanei. In un'epoca in cui prevaleva il movimento realista, molti scrittori gli rimproverarono il suo spiccato gusto per i *bon mots*, i motti di spirito e le figure retoriche. Rémy de Gourmont (scrittore francese, 1858-1915) scrisse nel 1896: "Alexandre Dumas figlio non è un grande scrittore" (p. 270), mentre Émile Zola commentò nel 1876: "Non mi piace il talento di M. Alexandre Dumas figlio. È uno scrittore estremamente sopravvalutato, con uno stile mediocre e una concezione rattrappita dalle teorie più strane. Penso che i posteri saranno duri con lui" (Œuvres *complètes*, Vol. XII, p. 627). Visti i numerosissimi adattamenti de *La Signora delle Camelie,* è chiaro che Emile Zola si sbagliava su questo punto. Si può supporre che alcune di queste critiche non fossero motivate solo da ragioni letterarie. Così Léon Bloy (romanziere e saggista francese, 1846-1917) disse: "Questo mulatto... era uno sciocco e un ipocrita" (p. 270). Questa osservazione apertamente razzista (*mulatto* è una parola costruita da "mulo" che si riferiva alle persone di razza mista durante il periodo coloniale) si riferisce alle origini di Alexandre Dumas figlio. Come suo padre, era il discendente di una schiava di Saint-Domingue (l'attuale Haiti, ex colonia francese) che aveva avuto un figlio dal suo padrone.

SPUNTI DI RIFLESSIONE

ALCUNE DOMANDE PER UN'ULTERIORE RIFLESSIONE...

• Perché possiamo dire che *La Signora delle Camelie* fa parte del movimento realista?

• In che modo l'autore prende le parti delle cortigiane del suo tempo?

• Cosa ha spinto Armand a separarsi più volte da Marguerite Gautier?

• Cosa ha spinto Marguerite Gautier a lasciare Armand?

• Perché Marguerite Gautier si distingue dalle altre cortigiane?

• Cosa ci dice il personaggio di Prudence Duvernoy sulle condizioni di vita delle cortigiane?

• Armand ha torto a essere geloso?

• Cosa ci dice il romanzo sulla vita a Parigi a metà del 1900?

PER ANDARE OLTRE

EDIZIONE DI RIFERIMENTO

DUMAS A. fils, *La Dame aux camélias,* Le Livre de poche, 1975.

STUDI DI BENCHMARK

LIVIO, A. *Prefazione e commenti* (inclusi nell'edizione di riferimento) Le Livre de poche, 1975.

FONTI AGGIUNTIVE

PRÉVOST, A.F. *Manon Lescaut,* 1731.

ADATTAMENTI

VERDI, G. *La Traviata*. 1853, opera.

DUMAS, A. *La Dame aux camélias*, 1852, opera teatrale.

DE CECCATTY, R. *La Dame aux camélias*, 2000, opera teatrale.

LARSEN, V. *La Signora delle Camelie*, 1907, film.

CUKOR, G. *Le roman de Marguerite Gautier*, 1936, cinema.

SAUGET, H. *La Dame aux camélias*, 1957, balletto.

LEFEBRE, J. *La Dame aux camélias*, 1980, balletto.

Vogliamo sapere da voi!
Lasciate un commento sulla vostra biblioteca online
e condividete i vostri libri preferiti sui social media!

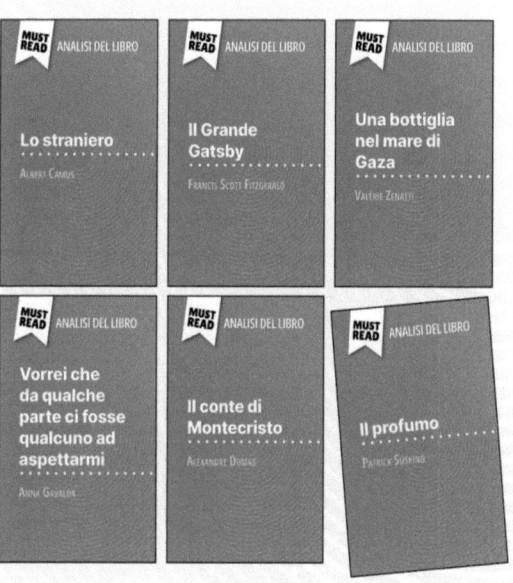

Sebbene l'editore faccia ogni sforzo per verificare l'accuratezza delle informazioni pubblicate, 50minutes.com non si assume alcuna responsabilità per il contenuto di questo libro.

www.50minutes.com

Master ISBN: 9782808690225
ISBN cartaceo: 9782808611626
Deposito legale: D/2023/12603/1442

Copertura: © Primento

Concezione digitale a cura di Primento, il partner digitale degli editori.